MÉMOIRE

SUR LES CAUSES DES TROUBLES ET DES DÉSASTRES DE LA COLONIE DE SAINT-DOMINGUE,

Présenté aux comités de Marine et des Colonies, DANS LES PREMIERS JOURS DE JUIN DERNIER, par les Citoyens de couleur ; d'après l'invitation qui leur en avoit été faite par les comités.

RÉDIGÉ par l'un d'eux J. RAIMOND.

———

A PARIS,

De l'Imprimerie du CERCLE SOCIAL, rue du Théâtre-Français, n°. 4.

———

(1793.)

L'an 2ᵉ. de la République française.

AVERTISSEMENT.

Les comités de Marine et des Colonies réunis, chargés de faire un rapport sur les Colonies, après avoir entendu contradictoirement les colons blancs et de couleur, sur la discussion d'un décret concernant la colonie de Saint-Domingue, et sur les causes des troubles qui l'avoient agitée, invitèrent les colons des deux couleurs, à fournir respectivement un mémoire sur cet objet, ainsi que sur les mesures à prendre pour ramener le calme et opérer une réunion sincère de tous les citoyens.

Les législateurs composant ces deux comités, mirent une condition expresse à leur invitation ; c'est que toute personnalité seroit bannie des mémoires qui seroient présentés, et qu'on ne s'appesantiroit pas sur les excès commis de part et d'autre dans la colonie, qu'on devoit s'attacher seulement à fournir les moyens de les éviter à l'avenir, et celui d'opérer une réunion sincère entre tous les citoyens de la colonie.

Chargé par mes collègues de la rédaction de ce mémoire, je l'entrepris, et le voici tel que je le remis aux comités, DANS LES PREMIERS JOURS DU MOIS DE JUIN DERNIER (1). Fait pour remplir le vœu des comités et éclairer la religion des membres qui les composent, ce mémoire n'étoit pas destiné à être imprimé : si aujourd'hui il est livré à l'impression, c'est pour mettre la Convention entière à même de prononcer sur l'esprit qui l'a dicté.

RAIMOND.

____

(1) La date de la remise de ce mémoire est essentielle à retenir dans les circonstances où se trouve la colonie dans ce moment.

MÉMOIRE

SUR LES CAUSES DES TROUBLES

ET DES DÉSASTRES

DE LA COLONIE

DE SAINT-DOMINGUE.

———

Les troubles qui ont déchiré la colonie de Saint-Domingue, et qui l'ont menée au point de dépérissement où elle se trouve aujourd'hui, ont pour cause première le préjugé de la couleur, et cette cause a produit successivement les crises politiques qu'a éprouvées cette colonie. Mais ainsi que dans le corps humain, les maladies changent et prennent des caractères différens, selon les tempéramens des individus qu'elles attaquent, les corps politiques éprouvent les mêmes effets, d'après les habitudes des peuples qui les composent.

Dans le premier cas, un médecin habile analyse tout, et après être parvenu à tout connoître, trouve enfin le remède propre, l'applique et le malade guérit.

Le législateur qui est le médecin, dans le deuxième cas, doit suivre la même marche pour arriver aux mêmes résultats.

D'après ce principe, il est donc nécessaire de retracer au législateur, avec exactitude, tous les faits, et fixer d'une manière précise l'époque des différentes crises politiques qui ont agité la colonie, afin qu'il puisse y appliquer le remède.

Nous allons donc essayer de peindre, sans passion, sans fiel, sans haine et, sur-tout, sans partialité, tous les faits.

Nous tirerons le rideau sur les scènes d'horreur produites par l'esprit de parti; nous n'excuserons pas les hommes de couleur, qui auront pu, ainsi que des blancs, se rendre coupables d'atrocités qui révoltent la nature. Nous savons, par une triste expérience, que parmi même les êtres de la meilleure espèce, il s'en trouve de méchans : l'orgueilleux Lucifer nous en fournit un exemple. Nous voulons tout oublier, s'il le faut, pour arriver au point, où l'intérêt et le bonheur de tous doivent nous conduire; sur-tout nous mettrons, dans le récit que nous allons faire, toute la véracité dont nous avons toujours fait profession.

Nous passerons rapidement sur les premiers

évènemens déja connus suffisamment (1). Hélas!
Ils devroient être oubliés de tous les partis, pour
le bien général ; car il ne pourra jamais s'opérer,
que quand il cessera d'y avoir, dans la colonie,
des traîtres habiles, qui emploieront tous leurs
moyens, pour éloigner, par des souvenirs dou-
loureux, ceux qui ont le plus grand intérêt à se
réunir.

Ce que je dis ici, doit déjà faire appercevoir un
des moyens à employer pour parvenir au but que
l'on se propose.

La révolution, en passant dans nos colonies,
n'y prit pas le même caractère qu'elle avoit pris
en France : plusieurs causes s'y opposoient ; la
première étoit sans doute le préjugé de la couleur ;
mais il faut expliquer comment le gouvernement
et des hommes orgueilleux étoient parvenus à
persuader à la majorité des colons , que l'orga-
nisation de la colonie ne pouvoit se soutenir, qu'en établissant ce qu'ils appelloient une
ligne intermédiaire entre les hommes blancs et
les esclaves. Le gouvernement avoit mis en
axiôme, que, si jamais cet intermédiaire venoit
à disparoître, la dissolution et la perte totale des
colonies en seroient infailliblement la suite.

____

(1) L'ouvrage de Mina ci-joint y suppléera.

(8)

Ce principe étoit d'autant plus goûté par la généralité des colons, qu'il leur donnoit plus d'avantages et plus de privilèges sur la classe intermédiaire, que les titres de noblesse n'en donnoient sur le ci-devant tiers-état (1). On sait combien l'homme a naturellement de penchant pour la domination; il n'en falloit donc pas davantage pour faire prendre et propager des principes aussi erronés.

A cette cause assez puissante pour arrêter les progrès qu'auroit pu faire la révolution dans les colonies, il s'en joignoit d'autres que nous allons développer. Celle, par exemple, du genre et de l'espèce de la population blanche rassemblée en masse dans les villes et bourgs; elle est composée d'hommes de tous les pays, de toutes les nations; la majeure partie sans état, sans propriétés et beaucoup même sans domicile, par conséquent parfaitement étrangère à la colonie; mais y trouvant, par le moyen du préjugé qui y régnoit, non-seulement des moyens de subsistances, mais même des moyens de fortune.

Quelques Français commerçans, aubergistes, formoient avec ces premiers, le peuple bourgeois

(1) Lisez les considérations sur Saint-Domingue, tome II, discours III, page 72.

des villes ; les hommes de couleur, libres, y formoient ensuite cette portion qu'on appelloit avec tant de hauteur le bas peuple ; ils y étoient en nombre bien inférieur aux blancs , parce que les vexations qu'ils y éprouvoient, les forçoient de se placer dans les campagnes ; cette population , telle que je viens de la décrire , avoit sa haute noblesse et sa noblesse secondaire , sur-tout dans les principales villes de la colonie , telles que le Cap , le Port-au-Prince , les Cayes du fond , Jacmel , etc.

Cette haute noblesse étoit composée du gouverneur - général et de tout ce qui tenoit au gouvernement militaire, de l'intendant , de ses principaux agens , et des membres des conseils souverains. A cette haute noblesse se joignoient naturellement tous les riches propriétaires des plaines qui avoisinent ces grandes villes , presque tous qualifiés , titrés , ou décorés de la croix de Saint-Louis , qu'ils avoient acquise à prix d'argent. A la suite de ce cortège étoient, comme par-tout, des chevaliers d'industrie , des intrigans cherchant à se mettre de niveau avec cette classe, par la fortune (1), et nullement délicats sur les moyens de la faire.

(1) *Nota.* Les petits quartiers privés de cette noblesse, ont été les moins troublés , aussi les mal-intentionnés

La noblesse secondaire étoit composée de tous les agens subalternes du gouvernement, des avocats, procureurs, notaires, des riches capitalistes, des gros propriétaires en maisons, et de quelques maisons de commerce puissamment riches.

Avec ces données qui sont d'une vérité incontestable, il sera facile de   îre l'effet qu'a dû produire la révolution dans les colonies (1), et les résultats qu'elle a produits. Cela connu, le remède à appliquer aux circonstances sera facile à découvrir.

Il est essentiel, avant d'entrer dans les développemens que nous allons donner, de dire un mot de la politique intérieure du gouvernement dans les colonies, relativement à la classe des hommes de couleur ; ils étoient tour-à-tour, avilis et protégés par lui, et ce qui paroissoit une inconséquence, n'étoit qu'une conséquence au contraire d'un plan bien combiné, pour tout asservir.

Quand le gouvernement avilissoit sans cesse par des réglemens arbitraires, la classe des hom-

vouloient-ils pour réussir dans leurs desseins perfides, tenir les assemblées au Cap, parce que le peuple y étant plus nombreux, ils pouvoient le remuer et l'égarer à leur gré.

(1) J'entends celle de Saint-Domingue.

mes de couleur, dont il voyoit la population s'accroître rapidement, il vouloit par ce moyen, empêcher cette classe d'hommes de s'assimiler aux blancs, afin qu'ils ne pussent jamais se coaliser ensemble, pour détruire et briser par une force combinée, le sceptre de fer avec lequel il vouloit régner et gouverner. *Diviser* pour *régner*, étoit la maxime du gouvernement. Mais en avilissant sans cesse les hommes de couleur, le gouvernement avoit soin de les protéger à propos, lorsqu'il prévoyoit sur-tout, que les vexations qu'ils éprouveroient, pourroient les porter eux seuls à secouer un joug aussi pesant, que celui qu'on leur avoit imposé. Par cette alternative, il savoit se les attacher, pour pouvoir au contraire s'en faire un appui et les opposer aux Colons blancs, quand ils vouloient essayer de secouer le joug.

En effet, c'est ainsi que le gouvernement se conduisit en 1768, à Saint-Domingue, pour le rétablissement des milices ; les colons blancs, après de vives réclamations qui ne furent pas écoutées, se portèrent à faire quelques mouvemens d'insurrection ; alors le gouvernement, pour mettre dans son parti les hommes de couleur, les caressa et les flatta d'améliorer leur sort ; il commença dès-lors à défendre et faire punir les blancs, qui, par un usage introduit par la force du préjugé, se permettoient de frapper avec impunité les hommes de couleur, sans que la justice pût prendre connoissance de pareils différens, que pour punir de mort l'homme de couleur qui avoit osé se défendre contre le blanc qui l'avoit frappé (1). Après avoir ainsi cajolé les hommes de couleur, le gouvernement voulut les enrégimenter tous, pour s'en faire une force capable de faire plier la colonie sous le despotisme qu'on lui préparoit. Pour réussir à capter les hommes de couleur, on leur faisoit envisager que leur formation en corps de troupes, seroit un moyen de sortir de l'oppression sous laquelle ils vivoient. On parvint par ce moyen à former plusieurs compagnies, mais, les agitations ayant cessé, et le gouvernement ayant trouvé le moyen de diviser les blancs dans l'établissement des milices, par les distinctions humiliantes qu'on mettoit entre ceux qui étoient officiers de milice et ceux qui ne l'étoient pas, et sur-tout en faisant vexer ceux-ci par les autres; il renonça alors à son premier projet, et les compagnies d'hommes de couleur furent réformées.

(1) Voyez à ce sujet ce que dit Dauberteuil. Considérations sur Saint-Domingue, tome II, discours III.

Cette petite digression, loin de nous avoir jetté hors de notre sujet, nous y ramène, puisqu'elle étoit essentielle pour faire connoître l'esprit du gouvernement et ses intrigues. C'est ce même esprit qu'il a suivi au commencement de la révolution; mais un plan plus vaste fut développé en raison des circonstances, pour détruire cette heureuse révolution : c'est ce plan, que nous allons suivre dans tous ses développemens, indiquer les crises auxquelles il a donné lieu, et les différens partis qu'il a fait naître d'après les caractères et les vues personnelles des individus qui composoient à cette époque la population des colonies.

Ce qu'on appelloit à Saint-Domingue le gouvernement, pour éviter la chûte dont il étoit menacé par une suite de notre révolution, s'attacha d'abord à empêcher qu'elle ne s'y propageât : il faut le dire; il trouva tout favorable à ses intentions perfides. Qu'allez-vous faire, dit-il, au peuple blanc qu'il vit s'ébranler aux premières nouvelles qu'il reçut de la révolution ? « Ne voyez-vous pas que ce pays ne peut suivre les mouvemens de la métropole, sans s'anéantir et entraîner la ruine de la France ». Mettant ensuite à profit le préjugé de la couleur, il sut adroitement insinuer et persuader à une grande majorité d'individus, que s'ils

réclamoient avec trop de fracas les droits de l'égalité et le redressement des abus, il n'y auroit pas
de raison pour que les hommes de couleur libres
comme eux, ne demandassent aussi la même faveur ; qu'alors toute subordination étant rompue
entre ces mêmes hommes de couleur et les blancs ;
il n'y avoit plus de salut pour la colonie accoutu-
mée à un système aussi faux que destructeur. Le
peuple blanc de la colonie ralentit ses mouvemens ;
mais l'adroit gouvernement et ses agens voulant
tirer tout le parti possible de cette espèce de stu-
peur, et montrer combien il étoit dangereux de
parler d'égalité de droits dans les colonies, firent
répandre le bruit que déjà les hommes de couleur
complotoient pour agir de force et de violence,
afin d'obtenir les droits dont la révolution devoit
faire jouir tout citoyen. Des lettres même furent
écrites d'ici par les députés de Saint-Domingue,
coalisés avec la cour, et que nous reconnoissons
aujourd'hui être des partisans du royalisme et de
l'ancien gouvernement. Ces lettres jettèrent l'al-
larme dans les colonies ; elles portoient de se mé-
fier des citoyens de couleur ; qu'ils avoient de
mauvaises intentions (1). Il n'en fallut pas davan-

(1) Lettre des Députés Colons blancs à l'assemblée
constituante. Écrite de Versailles, en date du 12 août
1789.

tage pour armer les blancs contre les hommes de couleur : je ne retracerai point ici toutes les scènes de sang auxquelles cette lettre astucieuse donna lieu ; mais le gouvernement sut adroitement profiter de cette circonstance pour offrir une espèce de protection aux citoyens de couleur, à qui il faisoit dire par ses agens : « Nous vous avons toujours soutenus contre les petits blancs, et nous le ferons encore ; ils ne veulent une révolution que pour eux seuls ; ils se disent patriotes, et ils sont vos plus cruels ennemis ; vous ne devez donc pas plus les aimer, que la révolution qu'ils désirent ».

C'est ainsi que les agens du gouvernement étoient parvenus à allumer la guerre civile dans les colonies.

Après y avoir réussi, le gouvernement chercha à tirer parti de l'état où étoit la colonie, pour y maintenir l'ancien régime, en faisant exposer par les partisans qu'il avoit dans l'assemblée constituante, que la colonie, par ses localités, n'étoit pas susceptible de recevoir la nouvelle constitution (1). Rien ne prouvoit plus que la cour influoit directement sur tout ce qui se passoit à Saint-Domingue, la correspondance de ses ministres,

____

(1) Qu'on se rappelle la lettre des ministres adressée à l'assemblée constituante. Au commencement de 1790.

leurs liaisons avec les colons députés à l'assemblée constituante, qui, quoique siégeant du côté
gauche, n'en étoient pas moins des contre-révolutionnaires ; ceux-ci ne cessoient dans leur correspondance de donner des allarmes dans la colonie, annonçant aux Colons que la révolution
attaqueroit leurs propriétés par l'affranchissement
immédiat de leurs esclaves : d'un autre côté, ils
faisoient tous leurs efforts pour effrayer l'assemblée
constituante par la perte prochaine des colonies,
ce qui entraîneroit, selon eux, la banqueroute et
la ruine de la France avec la contre-révolution ;
enfin, jamais intrigue ne fut plus profondément
suivie pour tout brouiller et tout bouleverser dans
les colonies, et jamais intrigue ne réussit plus
complettement.

La guerre civile allumée à Saint-Domingue,
l'assemblée coloniale formée à Saint-Marc, tous
les esprits de la colonie dans une grande fermen-
tation, par les défiances que les députés des colonies y avoient jettées, chaque individu raisonnoit
sur tous les évènemens qui se passoient, selon
qu'il étoit affecté, ou qu'il étoit dirigé par des
meneurs qui ne manquoient jamais de saisir les
occasions qui leur étoient favorables. De ce choc
d'opinions, d'intrigues, il se forma trois partis
à Saint-Domingue : le parti du gouvernement,
qui

qui vouloit le rétablissement de l'ancien régime, en conservant cependant les colonies à la France; le parti de l'indépendance, dont les chefs étoient dans l'assemblée de Saint-Marc, et coalisés avec les députés des colonies, à l'assemblée constituante et l'hôtel de Massiac; le troisième parti, alors, celui qu'on appelloit les patriotes, étoit presque nul.

Le parti du gouvernement étoit, à cette époque, composé comme je l'ai dit plus haut. Il étoit le plus fort, il disposoit des troupes et se montroit ouvertement; il n'avoit pas encore à sa disposition les citoyens de couleur, parce qu'il étoit assez fort par lui-même, et il ne vouloit pas rompre entièrement avec le préjugé, mais il les cajoloit et préparoit tout pour se les attacher par sa politique ordinaire (1).

Le parti des indépendans étoit déjà formé, et il devenoit très-considérable par les craintes que les intrigans avoient répandues sur les propriétés (2) : mais il n'étoit pas encore rallié ; aussi suc-

(1) Le général Peynier fit écrire à tous les commandans en second de la colonie, en faveur des hommes de couleur.

(2) *Nota.* On doit remarquer que les mêmes partis se servoient tous des mêmes moyens, parce que c'étoit le seul qui pût mettre en mouvement, ce qui leur étoit nécessaire à tous.

B

comba-t-il par la prestesse du gouvernement, qui sut habilement profiter des premiers actes d'indépendance de l'assemblée coloniale, pour la dissoudre et l'envoyer en France, et se faire, par cet acte, un mérite auprès de l'assemblée constituante.

Le parti patriote n'osoit encore se montrer, car, outre qu'il étoit très - petit, comme je l'ai dit, l'habitude du préjugé de la couleur éloignoit les blancs patriotes des citoyens de couleur, qui avoient un véritable intérêt à soutenir une révolution qui les régénéroit.

L'assemblée coloniale, arrivée en France, avec les chefs des indépendans qu'elle avoit dans son sein, fut mise à la suite de l'assemblée constituante, et blâmée par elle pour ses actes.

Le gouvernement triompha et domina pendant quelques mois dans les colonies. Cependant les partis se réchauffoient par les intrigues des agens de l'assemblée coloniale : ils surent faire tout tourner contre le gouvernement, qui montroit ouvertement le projet de rétablir l'ancien régime.

Pendant la lutte de ces deux partis, les hommes de couleur étoient toujours vexés, poursuivis et inculpés par des intrigans intéressés à tout bouleverser. Ils étoient sans cesse accusés de vouloir aider le gouvernement à rétablir l'ancien régime.

On étoit d'autant plus porté à le croire, qu'indé-
pendamment des soupçons qu'on avoit jettés sur
eux, on voyoit les souplesses du gouvernement
pour les attirer. Hélas ! les malheureux ne cherchoient qu'un appui qui pût les soustraire à toutes
les horreurs dont ils étoient environnés depuis la
révolution.

D'ailleurs, privés de toutes les nouvelles de la
France, ignorant absolument s'ils devoient parti-
ciper aux bienfaits de la révolution, dont les blancs
les excluoient, étoit-il étonnant qu'ils cherchassent
un appui dans ceux qui leur offroient protection?
Mais pour s'assurer que les hommes de couleur
n'ont jamais voulu le rétablissement de l'ancien
régime, nous prions le comité de vouloir lire un
extrait des loix particulières qui les régissoient
sous l'ancien régime : elles sont consignées dans
un petit recueil (1).

Enfin, le décret du 15 mai vint mettre fin à
toutes ces intrigues, et fit changer la scène. C'est
de cette époque qu'il faut partir pour pouvoir
donner une juste idée de l'état de Saint-Domingue,

____

(1) Des différentes pétitions des citoyens de couleur,
à la page marquée par le pareil signe (¶). On ne pourra
jamais présumer que des hommes qu'on avilissoit,
puissent désirer de retomber dans cet avilissement, et ce
seroit y vouloir revenir que de vouloir l'ancien régime.

retracer avec exactitude tous les faits, et montrer à découvert tous les ressorts que ces différens individus ont fait agir pour arriver à leurs fins respectives.

La première observation à faire, c'est que le ministère de ce tems, d'intelligence avec les députés colons, non-seulement ne prit pas les mesures d'exécution indiquées dans les instructions qui suivirent le décret du 15 mai 1791, mais même ne l'envoya pas officiellement. Il fit plus, d'accord avec les Lameth, les Barnave, etc. Le ministre de la marine (Bertrand), je crois, arrêta, de son chef, les commissaires nommés pour faire exécuter ce décret : ceux-ci eurent ordre d'attendre dans le port, où ils étoient rendus, les ordres du comité des colonies, que Barnave présidoit. Qu'arriva-t-il de ce retard? c'est que les députés colons coalisés, comme je l'ai dit, avec le ministre de la marine, écrivirent dans les colonies, à leurs agens, de manière à empêcher l'exécution du décret, si jamais il y parvenoit officiellement. Ce décret, quoiqu'il ne donnât pas la même extension de droits aux citoyens de couleur, que la loi du 4 avril, auroit cependant rendu la paix aux colonies, parce qu'alors tous les individus, sincèrement attachés à la France, à la révolution et à l'ordre, se seroient joints aux citoyens de couleur. La loi eût été exécutée, et la colonie, au lieu d'être devenue la proie des flammes, du brigandage et de la guerre civile, auroit joui d'une paix parfaite ; mais malheureusement ce n'étoit pas cet état que désiroient les contre-révolutionnaires, les indépendans et les intrigans, à qui il falloit un grand désordre pour arriver à leur fin ; aussi ces deux partis se joignirent-ils pour repousser le décret du 15 mai, ainsi que l'écrivit Blanchelande dans ce tems (1).

Il est essentiel d'observer, qu'après le décret du 15 mai, Barnave qui avoit si fortement gourmandé l'assemblée coloniale, et fait voter des remerciemens aux agens du gouvernement dans la Colonie, disculpa ensuite lui-même cette assemblée coloniale, la fit absoudre par l'assemblée constituante, et fit autoriser ses membres à se rendre dans les Colonies ; ils profitèrent du pardon, et ces messieurs, sur-tout, s'empressèrent de se rendre dans la Colonie, pour empêcher par leurs intrigues, l'exécution du décret, s'il y parvenoit officiellement ; d'autres, restèrent auprès des Colons députés, pour, de concert avec eux, demander la révocation de ce même décret, pour

(1) Voyez les lettres de Blanchelande, dans le Moniteur, à cette époque.

mieux réussir dans leur projet ; les meneurs indépendans rendus à Saint-Domingue , profitèrent
d'une disposition des instructions et s'empressèrent
de faire organiser l'assemblée coloniale avant l'arrivée du décret, afin de n'y pas faire entrer pour
cette fois les hommes de couleur à qui le décret du
15 mai en donnoit le droit ; cette mesure devenoit d'autant plus nécessaire à leurs projets ;
ils sentoient ces indépendans , que si les hommes
de couleur étoient satisfaits sur ce point de leurs
réclamations , ils ne pourroient jamais leur faire
partager leurs vues , soit par la force ouverte , soit
en leur faisant la promesse de leur accorder les
mêmes droits.

D'après toutes ces raisons , les indépendans
s'empressèrent donc d'organiser l'assemblée coloniale ; les instructions données avec le décret du
12 mai, fixoit à Léogane le siége de cette assemblée ; (1) mais, Léogane située au centre de la
Colonie sans fortifications , n'ayant qu'une très-
petite population blanche, environnée de quartiers,
où la population des hommes de couleur surpasse

(1) Qui pourra douter de la perfidie des indépendans ,
en réfléchissant qu'ils ne pouvoient former cette assemblée qu'en vertu du décret du 15 mai, et cependant ils
refusoient l'exécution de ce même décret.

celle des blancs, ne convenoit pas à une assemblée dont l'esprit et les principes étoient de rompre avec la métropole et de refuser à des hommes libres, des droits que leur donnoient la nature et les anciennes loix ; aussi, un des premiers actes de cette assemblée, fut d'arrêter qu'elle iroit tenir ses séances au Cap. Cette mesure et la circonstance où elle fut prise doivent être mûrement examinées. Le Cap, la ville la plus exactement fortifiée, la plus riche de la colonie, environnée de plaines les mieux cultivées, contenant une population considérable de ces hommes qui ne tiennent point au sol, mais seulement aux propriétaires par les différens salaires qu'ils en reçoivent ; très-peu peuplée, au contraire, de citoyens de couleur, parce que le préjugé s'étoit porté au plus haut-point ; le Cap, dis-je, avec toutes ces circonstances offroit aux indépendans tout ce qui leur étoit nécessaire pour seconder leurs vues perfides. Des fortifications pour résister aux forces nationales, une population facile à égarer, et une riche capture à livrer à la puissance ennemie, sur laquelle on comptoit (1).

----

(1) Personne n'ignore que plusieurs membres de l'assemblée de Saint-Marc passèrent de Paris à Londres, et eurent différentes conférences avec Pitt.

Tout cela a dû nécessairement être pris en considération par des hommes qui ont prouvé par la suite des événemens, combien ils avoient des intentions perfides, enconséquence l'assemblée coloniale fut tenir ses séances au Cap.

Nous laisserons un moment cette assemblée siégeant au Cap, pour retracer l'effet que produisit dans la colonie la nouvelle du décret du 15 mai et les changemens qu'il apporta dans les différens partis qui y régnoient. Dès que ce décret fut connu dans les colonies, les citoyens de couleur manifestèrent la ferme résolution de le faire exécuter, non au Cap où ils étoient en très-petit nombre et où ils éprouvoient toutes sortes de menaces, de vexations et de violences, mais dans l'Ouest et dans le Sud, ils prirent une attitude ferme qui en imposa aux méchans qui les menaçoient de les égorger tous plutôt que d'adhérer au décret. (1) Telles étoient les résolutions qu'avoient prises et que manifestoient des hommes dont les passions agitées à l'excès, les rendoient plus cruels que les tigres.

Blanchelande qui dans les premiers mouvemens d'effervescence et après la catastrophe de Mauduit,

____

(1) Voyez les lettres de Blanchelande, et l'adresse de l'assemblée coloniale aux 83 départemens.

avoit fui du Port-au-Prince et s'étoit rendu au Cap auprès de l'assemblée coloniale , avoit laissé au Port-au-Prince , Jumécourt, Montalembert, Chitry et quelques autres chefs du parti du gouvernement. Ceux-ci se voyant près de succomber, se mirent à la tête des hommes de couleur, et leur promirent au nom du gouvernement qu'ils feroient exécuter le décret du 15 mai, et ils se firent par ce moyen un rempart contre les indépendans qui les poursuivoient et les patriotes du Port-au-Prince dont le parti commençoit à augmenter et à se prononcer : mais, ces patriotes étoient encore loin d'adhérer au décret du 15 mai , et ne se doutant pas encore des projets de ces indépendans , ils se joignirent à eux pour faire une guerre ouverte aux hommes de couleur , auprès desquels s'étoient retirés les chefs que j'ai nommés plus haut, et qui leur promettoient de faire exécuter le décret du 15 et d'y obéir eux-mêmes. On ne doit pas perdre de vue qu'il étoit d'autant plus facile d'égarer les citoyens de couleur, qu'ils n'avoient aucune correspondance qui pût les éclairer sur les motifs de ceux qui les entouroient, car, jusqu'alors les lettres que nous avions pu leur écrire avoient été interceptées ; il étoit donc naturel que des hommes vexés , tyrannisés et sans aucun appui, se jettassent dans le premier parti qui leur

offroit protection , sur-tout lorsqu'ils voyoient
ce parti disposé à obéir au décret qui les régénéroit, et qu'ils voyoient au contraire dans les adversaires de ce parti , des hommes qui menaçoient
de tout entreprendre plutôt que d'obéir à cette
loi. Telle a été l'origine et les causes de la guerre
civile qui s'alluma dans cette partie, et dont les
suites se feront long-tems sentir.

Quelque désastreux que fût pour la colonie l'état
de guerre où se trouvoient les habitans de cette
partie, ce n'étoient pas encore là tous les malheurs
que lui préparoient les ennemis de la révolution ;
une crise plus funeste , et qui devoit ébranler la
colonie jusque dans ses fondemens , fut provoquée
et préparée par les Colons contre-révolutionnaires
qui se trouvoient en France à l'époque du décret
du 15 mai. Ces Colons , au nombre desquels
étoient les marquis , comtes et barons députés des
colonies à l'assemblée constituante, avoient sans
cesse répété dans leurs discours , comme dans
leurs écrits , que si jamais on accordoit aux
hommes de couleur les droits politiques , *les esclaves se révolteroient* ; il fallut donc les soulever
pour prouver qu'ils avoient été prophètes , et on
fut d'autant plus porté à faire exécuter ce projet,
malgré toute son atrocité , qu'on ne voyoit que
cette seule mesure pour prouver évidemment par

les faits, que notre révolution ne pouvoit pas s'adapter aux colonies.

En conséquence des émissaires furent envoyés sur les habitations Galiffet et Dagout (1), pour provoquer les esclaves de ces habitations à se soulever pour défendre la cause du roi.

Outre ces émissaires, il fut envoyé au Cap, avec une profusion étonnante, une lettre imprimée portant pour titre : *Lettre de Louis-Marthe Gouy à ses commettans.* Le style astucieux de cette lettre faisoit entendre qu'il falloit faire soulever les esclaves (2). En effet, ces atteliers furent des premiers à se mettre en insurrection ouverte, après cependant quelques légers préludes commencés sur des habitations, sur lesquelles les

(1) Ce premier étoit marquis et avoit environ 1000 à 1200 esclaves ; le second étoit comte, et, de plus, courtisan et avoit environ 5 à 600 esclaves : on leur fit entendre, qu'ils étoient l'un et l'autre assez riches, pour faire le sacrifice de quelques centaines d'esclaves, que d'ailleurs la cour ne manqueroit pas de les dédommager de cette perte. Ces assertions sont d'autant plus fondées, et l'on est d'autant plus autorisé à le croire, qu'on sait aujourd'hui que les chefs de ces noirs, ont des décorations de la cour, et qu'ils prennent des qualifications analogues à ces décorations.

(2) Un exemplaire de cette lettre fut remis et dénoncé à l'assemblée constituante par Biauzat.

députés de l'assemblée coloniale qui se rendoient de Léogane au Cap avoient passé, et sur lesquelles ils virent, à ce qu'ils rapportèrent en arrivant au Cap, des esclaves armés de torches et ayant égorgé quelques économes (1). Cette révolte qu'il étoit facile d'éteindre dans son principe, (puisque ces esclaves n'avoient encore pu se procurer des armes) ne fit au contraire que se propager, sans doute parce que ceux qui l'avoient provoqué vouloient en tirer tout le parti qu'ils en avoient espéré : aussi s'empressa-t-on d'écrire à l'assemblée constituante, que cette révolte qu'on grossissoit beaucoup alors, n'étoit que l'effet du décret désastreux du 15 mai (2). On fit plus, on poussa même la perfidie jusqu'à inculper les membres d'une société respectable, d'avoir envoyé par philantropie des émissaires dans la colonie pour provoquer les noirs à égorger les blancs. En même-temps qu'on agissoit ainsi pour la France, on appelloit des secours des colonies voisines, et sur-tout des colonies angloises par prédilection ; les indépendans

(1) Lisez la relation de ces événemens, dans les lettres de Blanchelande et dans les actes de l'assemblée coloniale.

(2) Voyez toutes les lettres de Blanchelande et autres, ainsi que les adresses de l'assemblée coloniale et provinciale du Nord.

vouloient plutôt par cette mesure attirer dans nos colonies la domination angloise, que les secours de ce peuple. Un discours de l'assemblée coloniale à milord Edouard, venu de la Jamaïque à cette époque, en est une preuve assez convaincante. Organe de l'assemblée coloniale, le président adressoit à milord Edouard ces paroles : *Nos yeux fixés sur l'horison, attendent depuis long-temps vos vaisseaux et vos armées.*

On doit se rappeller ici que, malgré les instances que firent à cette époque quelques capitaines bordelois pour venir en France annoncer les nouveaux malheurs de la colonie, et y demander des secours, ils furent refusés par l'assemblée coloniale, sous prétexte qu'on pourroit avoir besoin de tous les navires de la colonie pour transporter les familles blanches, si le mal s'aggravoit, et ce ne fut qu'après avoir éprouvé la douleur de ne pas avoir réussi à attirer les Anglois dans la colonie, que les indépendans se déterminèrent à s'adresser à la mere-patrie.

Les indépendans furent également trompés sur les suites de la révolte qu'ils avoient provoquée eux-mêmes. Comme propriétaires, ils ne vouloient qu'un simulacre de révolte, qu'ils auroient pu appaiser à volonté, mais ils ne purent empêcher les ennemis naturels de la France de pousser celle qu'ils avoient provoquée au point où elle est parvenue, et les secours que les esclaves ont reçus des puissances ennemies de la Nation Françoise ne laissent aucun doute sur leurs intentions et leurs projets (1).

La révolte des esclaves ayant pris un caractère qui menaçoit d'embrâser la colonie ont eu recours alors, à ce qui seul pouvoit l'arrêter, à l'union intime des deux classes libres, qui avoient un intérêt commun à l'appaiser ; en conséquence, des propositions de paix furent faites et entre les partis qui se faisoient une guerre qui ne pouvoit que favoriser les révoltés, mais ces propositions se sentirent, plus, ou moins du besoin que les deux partis avoient de se rallier ; par exemple, dans la partie du Sud et de l'Ouest où la population des hommes de couleur est considérable, et par conséquent où ils doivent être plus néces-saires, les blancs passèrent avec eux les concordats que vous connoissez ; par ces concordats, les blancs de ces deux partis de la colonie promet-toient de reconnoître les droits des citoyens de couleur et de faire exécuter la loi du 15 mai : il n'en fut pas de même au Cap, où leur nombre,

____

(1) J'ai développé cette idée dans mes réflexions et une lettre ci-jointe.

comme je l'ai l'ai dit, étoit bien inférieur à celui des blancs, quoique l'on sentît qu'ils pouvoient beaucoup aider à arrêter les progrès de la révolte, tant par leur courage, par leur habitude à supporter les fatigues du climat, que par leur intelligence à faire le genre de guerre nécessaire aux circonstances. L'assemblée coloniale leur promettoit beaucoup pour les engager à repousser les révoltés, mais n'effectuoit rien ; cette conduite de l'assemblée coloniale prouve deux choses ; l'une, qu'elle croyoit pouvoir appaiser facilement cette révolte ; l'autre, qu'elle n'a jamais eu le désir sincère, comme elle a voulu le persuader ensuite, d'adhérer au décret du 15 mai ; ce qui doit achever de nous convaincre, c'est que c'est du Cap et du sein même de l'assemblée coloniale et provinciale que sont venues les réclamations les plus fortes contre le décret du 15 mai, et au moment même de la révolte ; cependant les dangers de cette partie augmentant tous les jours, cette même assemblée se vit en quelque sorte forcée de prononcer sur l'état des hommes de couleur ; alors elle prit quelques arrêtés, par lesquels, elle *promettoit de faire exécuter la loi du 15 mai, lorsqu'elle lui parviendroit* (1) officiellement ; mais ce qui doit frapper

____

(1) En faisant ces promesses, l'assemblée coloniale

tous les esprits qui voudront réfléchir sur ces événemens, c'est que lorsqu'on eut appris au Cap, par l'arrivée des commissaires Mirbeck, Romme et Saint-Léger, qu'au décret du 15 mai avoit été substitué celui du 24 septembre; alors, ni Blanchelande, ni l'assemblée coloniale ne voulurent ratifier les concordats qui avoient été passés de bonne foi dans deux circonstances différentes, entre les blancs et les hommes de couleur des parties de l'Ouest et du Sud. Ce manque de foi de la part des blancs, ralluma dans les deux parties la guerre civile, qui produisit d'autant plus de ravage que les esprits étoient plus exaspérés ; ces hommes de couleur qui ne voyoient dans la rupture de ces traités, qu'une mauvaise foi des blancs, sur la promesse desquels on ne pouvoit plus se fier à l'avenir ; d'un autre côté, les intrigans et les partisans de Leopardius, qui avoient intérêt à tout brouiller, représentoient les hommes de couleur comme des tigres, altérés du sang des blancs, et ayant formé le projet de les dominer et de les vexer à leur tour, comme ils l'avoient été par eux, encore qu'une méfiance

savoit bien qu'elles étoient illusoires, puisqu'elle avoit la certitude que le décret du 15 mai seroit révoqué, d'après toutes les mesures qu'on avoit prises à ce sujet.

qu'il

qu'il sera difficile de détruire, s'établit entre les hommes des deux couleurs, il ne faut pas se dissimuler que ce n'est qu'en perpétuant cette méfiance respective que les contre-révolutionnaires, les indépendans, les intrigans espèrent parvenir à faire réussir leurs desseins perfides.

Nous passons à l'époque de l'arrivée des commissaires Polverel, Sonthonax et Aillaud; il est nécessaire, avant d'écrire les événemens de la colonie depuis leur présence, de fixer les idées du comité sur les différens partis qui agissoient et l'esprit qui dirigeoit chacun d'eux; ce moyen mettra le comité à portée de prendre une idée juste de l'état de la colonie.

Les contre-révolutionnaires, comme je l'ai déja dit, avoient pour chefs les agens de la cour, qui vouloient le rétablissement de l'ancien régime, et s'ils promettoient aux citoyens de couleur de les faire jouir des droits qu'ils réclament, c'étoit moins par justice et par principes que pour s'en faire un appui, ils n'entendoient d'ailleurs par les droits qu'ils vouloient leur accorder, que ceux que leur donnoit l'édit de 1785. Mais de pareils droits, sous un gouvernement despotique, n'étoient pas de véritables droits politiques, ce parti, à l'époque où nous sommes arrivés, étoit considérablement diminué; la mort de Mauduy, la dissolution du corps des officiers du régiment du Port-au-Prince, presque tous passés en France ; la défection de beaucoup de gros propriétaires qui tenoient au gouvernement, tels que les Chitry, les Montalembert et autres qui étoient retirés dans la partie espagnole, ou en France, depuis que les hommes de couleur de la Croix des-Bouquets, à la tête desquels ils avoient été pendant les premiers troubles, leur déclarèrent positivement, quelque tems après l'époque du décret du 15 mai, qu'ils ne reconnoîtroient jamais d'autre autorités que l'assemblée nationale de France ; ainsi ce parti ne laissoit plus au Port-au-Prince que le seul Jumecourt, aussi n'a-t-on pas vu dans les parties de l'ouest et du sud, les esclaves se soulever au nom du roi, comme cela est arrivé au Cap.

La partie du sud où il n'y avoit que peu ou point de ces agens de la cour, fut assez tranquille mais il n'en étoit pas ainsi au Cap depuis, sur-tout, que Blanchelande s'y étoit réfugié, avec quelques officiers qui l'y avoient suivi.

Le parti des indépendans très-foible dans son origine n'étoit d'abord composé que de quelques intrigants, d'hommes perdus de mœurs et de dettes et qui siégeoient cependant dans l'assemblée coloniale ; le parti se grossit considéra-

blement par les soins que prirent ces hommes
d'effrayer tous les colons sur la sûreté de leurs
propriétés, en leur présentant 1°. la concession
des droits politiques faite aux hommes de couleurs comme un moyen d'arriver à l'affranchissement subit de leurs esclaves, et par conséquent
opérer la ruine des colonies. 2°. Ils faisoient envisager notre révolution avec tous les principes
qui en sont la base, comme désastreuse pour
les colonies; de-la, ils argumentoient pour prouver les avantages qu'auroient eu les colons en se
rendant indépendans de la France, et en mettant
la colonie sous la protection de l'Angleterre (1),
ils n'oublioient pas ces apôtres de l'indépendance,
de flatter l'orgueil des colons blancs, en leur faisant observer que sous le gouvernement Anglois,
ils conserveroient le privilége de l'épiderme, et
ces hommes n'étoient devenus les plus cruels
ennemis des hommes de couleur, que parce qu'ils
savoient, qu'ils ne se seroient jamais prêté à l'exécution de leurs projets ; ce sont ces hommes qui
voulant toujours entretenir le trouble qui leur est
si nécessaire pour dégoûter de notre révolution
jusqu'aux vrais patriotes, sement sans cesse la méfiance entre les hommes de couleur et les blancs

(1) *Nota.* Voyez le mémoire C.

patriotes, qui sans toutes ces intrigues, auroient le généreux courage de renoncer de bonne foi au privilége et au préjugé de la couleur ; ce sont ces hommes qui sont les instigateurs des derniers évènemens arrivés au Cap dans les journées du 2, 3 décembre dernier, et dont la relation officielle est ci-jointe, sous la cotte A ; ce sont ces hommes dont les commissaires ont sagement fait déporter les chefs (1). parcequ'eux seuls, sous le masque du patriotisme et d'amis des loix ne cherchoient qu'à les éluder ; ce sont ces hommes qui entretenoient toujours la discorde entre les citoyens qui ont intérêt à se réunir ; ce sont ces hommes, qui ont juré de poursuivre et d'exterminer les hommes de couleur, parcequ'ils savent que tant qu'ils existeront, ils s'opposeront toujours à leurs desseins ; voilà les hommes qui sont la source de tous les malheurs de la colonie, voilà le parti le plus dangereux, puisque ses intérêts le portent à désunir les citoyens, lorsque de leur union seule, doit sortir le salut de la colonie.

On voit, d'après ce que nous venons de dire,

(1) Depuis la déportation de ces chefs, l'archevêque, etc. Le Cap a non-seulement joui de la paix, mais même a fourni des hommes pour combattre les révoltés, ce qu'on n'avoit pu obtenir des blancs avant leur déportation. Voyez les pièces envoyées par le commissaire.

combien doit-être foible le parti des vrais et sincères patriotes parmi les blancs , et combien il est facile de les égarer par les méfiances , et sur-tout en faisant revivre leur haine contre les citoyens de couleur , en leur retraçant les scènes de sang qui ont eu lieu dans la guerre qu'ils se sont faite réciproquement.

Telle étoit la situation des choses et des esprits, lorsque les commissaires civils , Polverel, Sonthonax et Aillaud arrivèrent à Saint-Domingue. La loi du 4 avril les y avoit précédé , cette loi parut y être assez généralement adoptée par tous les partis , mais, non avec la même bonnefoi. Les vrais patriotes, les amis de l'ordre ne virent dans cette loi , qu'un moyen sûr de rallier tous les individus libres de la colonie , pour résister et combattre les révoltés : il n'en fut pas de même des contre-révolutionnaires et des indépendans ; ces deux partis ne firent que le simulacre d'adhérer à la loi , et si Blanchelande, comme chef du gouvernement, la fit promulguer , c'est qu'il crut que l'assemblée coloniale, dominée par les indépendans qui siégéoient dans son sein , se seroit opposée à son exécution, ce qui eut donné à son parti un grand avantage sur l'assemblée coloniale et les indépendans qui dans ce cas eussent parus les seuls coupables et récalcitrans à la volonté nationale. Mais, ceux-ci appercevant le piége que les contre-révolutionnaires leur tendoient, s'empressèrent nonseulement d'adhérer à la loi du 4 avril, mais, même ils parurent la chérir ; les meneurs de ce parti firent même des tours de force pour faire croire à leur amour pour l'égalité (1) en prenant ainsi le masque du patriotisme, les indépendaus ne voulaient que mieux cacher leurs desseins, et ne se faciliter les moyens de rendre odieux leurs adversaires et les faire chasser de la colonie (2). En effet dès que les commissaires civils eurent débarqués au Cap, la commune dans laquelle étoit l'archevêque Thibault leur dénonça centcinquante personnes environ, connues des aristocrates, et les auteurs des maux qui déchiroient la colonie ; les commissaires d'après cette dénonciation et les renseignement qu'ils prirent

(1) Il faut observer que les contre-révolutionnaires, et les indépendans ne différoient qu'en ce point : les premiers vouloient rétablir l'ancien régime et conserver la colonie au roi ; les autres vouloient aussi l'ancien régime, en faisant passer les colonies sous une domination qui eût maintenu le régime colonial, c'est-à-dire, un régime arbitraire, comme l'ancien.

(2) L'archevêque Thibaut ne fit point de façons de dîner chez le commissaire Southonax entre deux nègres libres.

sur le compte de ces individus, les firent embarquer pour France, et cet acte fut fort applaudi par les indépendans, mais à peine eurentils obtenu ce triomphe sur l'aristocratie et les contre-révolutionnaires, qu'ils commencèrent à agir pour leur compte. Je ne retracerai point toutes les manœuvres qu'ils employèrent pour exécuter leurs projets. La relation officielle des commissaires, qu'on peut lire sous la cote A, ainsi que quelques lettres particulières que je joins ici, les feront connoître ; nous prions les comités réunis de se faire donner lecture de ces pièces, ainsi que de celles d'un mémoire que les citoyens de couleur ont adressé à la convention nationale, et qui a été renvoyé au comité coloniale : toutes ces pièces sont essentielles.

On doit observer que les indépendans, déportés par le commissaire civil Santhonax, étoient ceux qui avoient le plus applaudi à la déportation des chefs des agens de la cour ; qu'eux-mêmes avoient sollicité ces déportations, et que s'ils se répandent aujourd'hui en imprécations contre ce commissaire, ce n'est que parce qu'il n'a pas été long-tems dupe de leur faux patriotisme, et que les ayant reconnus pour les provocateurs des

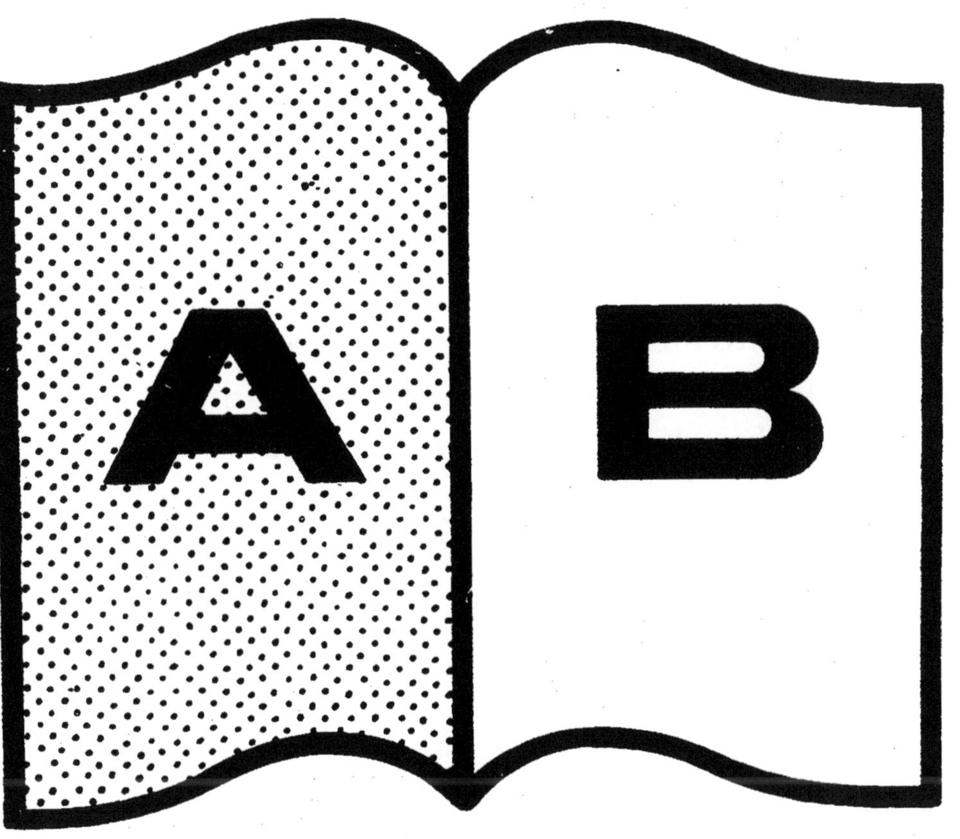

Contraste insuffisant

NF Z 43-120-14

derniers troubles , il les a fait déporter à leur tour.

Il nous reste à parler du dernier événement qui a fait embrâser la plaine du Cul-de-sac, nous ne saurions mieux faire connoître aux comités les causes de cet événement qu'en mettant sous leurs yeux , la copie d'une lettre du citoyen Delpech , secrétaire de la commission civile de Saint-Domingue , et présentement troisième commissaire à la place du citoyen Aillaud , cette lettre en date du 22 décembre 1792 , et qui prophétise l'événement arrivé le 9 mars , jettera un grand jour sur les projets des indépendans. Elle est sous la cote B, C.

Si après toutes ces pièces de conviction , il restoit encore au comité quelques doutes sur le parti et les projets des indépendans , nous les prierons de vouloir bien parcourir le mémoire, côté C , page 9 , au signe (*). Ils verront l'aveu innocemment fait de ce parti. Ce mémoire est écrit par un colon blanc, propriétaire aux colonies , et qui a été témoin de tous les mouvemens arrivés à Saint-Domingue depuis la révolution ; les pièces que nous venons de citer étant le seul moyen que nous ayions de faire connoître le véritable état de la colonie; nous prions les comités de vouloir bien les lire avec attention.

Les citoyens de couleur ne peuvent ni ne doivent finir ce mémoire, sans avoir réfuté par des faits authentiques, les calomnies qu'on cherche à répandre sur le commissaire civil Sonthonax, qu'ils regardent avec juste raison, comme leur père et le sauveur de la colonie; ce commissaire a été dénoncé sous trois chefs; le 1er. comme contre révolutionnaire; le 2e. comme n'ayant pas fait exécuter la loi du 4 avril dans tous ses points, en ne convoquant pas les assemblées primaires, pour nommer tous les députés tant à la Convention Nationale, qu'à l'assemblée coloniale.

Nous répondons en peu de mots au 1er. chef d'accusation. C'est que le premier acte des commissaires Sonthonax et Polverel dans les colonies, est d'avoir fait déporter, d'après les réquisitions qui leur en ont été faites, environ 150 individus accusés d'aristocratie, ainsi que tous les anciens et nouveaux agens du gouvernement, tels que les Blanchelande, les Desparbes, les Cambefort, etc. etc.

Nous prions le comité de lire à ce sujet le procès-verbal des commissaires sur ces déportations et sur ce qui s'est passé à bord du vaisseau où ils étoient avec le gouverneur d'Esparbes et son état-major (1).

Mais ce qui prouvera sans réplique que le commissaire Southonax, n'est ni contre-révolutionnaire, ni partisan des royalistes, c'est ce passage d'une de ses lettres adressée à moi son ami, et écrite toute de sa main.

.Cap le 8 novembre 1792.

« Vous savez quelles horribles calomnies, nous avoient dévancés en Amérique, elles nous avoient accompagnés sur le vaisseau ; et toute la suite du feu général Desparbes n'avoit pas manqué de s'en rendre les échos. *Chose singulière, mon cher ami, et qui confirmera vos idées sur les agens du ci-devant roi, c'est que nous avons été calomniés, repoussés, déconsidérés par-tous les prétendus amis de la loi du 4 avril, tandis que nous avons été accueillis, fêtés, honorés, par tous*

(1) Il faut aussi lire plusieurs lettres de personnes de couleur qui étoient à bord et qui sont jointes à ma correspondance soumise aux comités de marine et des colonies, et que j'ai pareillement offert de soumettre aux comités de salut public et de sûreté générale.

les hommes attachés aux corps populaires et à la révolution. ».

« Les Cambefort, les Junecours et toute la clique de la croix des Bouquets et du Cap, vouloient faire à Saint-Domingue l'opération de la Martinique (1). Quinze jours plus tard les malheureux citoyens de couleur vexés horriblement par les petits blancs, se rendoient les instrumens de la contre-révolution (2) ».

Nous n'ajouterons plus à cela qu'un mot, c'est que les commissaires civils Polverel et Sonthonax ont reçu pour cet acte de vigueur les applaudissemens de ceux qui les dénoncent aujourd'hui.

Quant au second chef, nous répondrons affirmativement, que les commissaires ont par leur proclamation du 12 octobre dernier, c'est-à-dire, peu de jours après leur arrivée dans les colonies, ordonné à toutes les muni-

(1) C'est-à-dire, la contre-révolution ; car à cette époque, on se rappellera que Rochambeau fut repoussé, ainsi que les forces nationales et les commissaires qui l'accompagnoient.

(2) Ceci confirme ce que j'ai dit dans ma lettre. Il est bien évident que les commissaires étoient calomniés avant leur arrivée, et qu'ils ne pouvoient l'être que par des contre-révolutionnaires, parce qu'ils savoient bien que ces commissaires ne les auroient pas protégé.

cipalités de la colonie, de leur faire parvenir incessamment le vœu de leur commune sur la nécessité d'accélerer ou de retarder la convocation des assemblées primaires, *soit pour former l'assemblée coloniale, soit pour nommer des députés à la Convention, etc.*

Assurément, ce n'est pas là empêcher, ni retarder l'exécution de la loi du 4 avril dans cette partie.

Nous attestons encore, que par sa proclamation du 11 janvier 1793, le commissaire Polverel y déclare bien formellement, à la face de la colonie, *que si la colonie n'a pas nommé ses députés,* soit à la Convention Nationale, soit à l'assemblée coloniale, c'est la faute des municipalités et non pas celle des commissaires civils (1).

S'il falloit de nouvelles preuves que le retard des nomminations des députés à l'assemblée coloniale et à la Convention Nationale, ce n'est pas du fait des commissaires civils; les comités les trouveront dans l'extrait de la séance de la commission intermédiaire en date du 5 février 1793, inséré dans

______

(1) Voyez la proclamation du commissaire Polverel insérée dans le moniteur général de la partie françoise de Saint-Domingue. N°. 84. Coté.

le moniteur général n°. 83, et coté E. Au surplus, nous prions les comités de voir la conduite des commissaires civils dans la relation qu'ils ont adressée à la Convention Nationale jointe ici sous la cote A. Cette pièce répond à toutes les inculpations.

Quant au troisième chef d'accusation, contre les commissaires qu'on taxe de concussionnaires, nous n'avons qu'un mot à répondre. *il faut prouver et faire punir.*

On a également accusé les commissaires d'avoir outrepassé leurs pouvoirs, la copie des pouvoirs qu'ils ont reçue, est ici; il sera facile de les juger.

On a accusé le commissaire Sonthonax, d'avoir voulu, au mépris de la loi, éloigner le rapprochement des blancs et des citoyens de couleur; je répondrai à cette accusation par le passage suivant d'une lettre de Sonthonax. *Vous savez à quel point de folie les habitans de la province du Nord portoient le préjugé des couleurs. Eh bien! depuis notre séjour, il est presqu'effacé? J'ai fait dîner chez moi l'archevêque Thibaut entre deux nègres libres.* Ce peu de lignes en détruisant l'inculpation faite au commissaire civil, jette un grand jour sur les derniers événemens; elles prouvent que Sonthonax de bonne foi, croyoit, à cette époque, au feint patriotisme des agitateurs qui avoient l'air d'avoir fait abnégation du préjugé, lorsqu'ils ne faisoient que cacher leurs perfidies sous le masque du patriotisme ; cette lettre est cotée F. Une autre du même commissaire, cotée G, et jointe ici, achevera de faire connoître ses sentimens de civisme et l'état de la colonie.

On a voulu faire entendre ux comités, que les pouvoirs, dont les commissaires étoient revêtus, n'émanoient que du ci-devant roi ; c'est une erreur : il leur a été expédié de nouveaux pouvoirs les 11 et 17 août, en vertu d'un décret de la Convention.

Nous ne nous étendrons plus sur toutes ces dénonciations contre les commissaires civils ; elle sont faites et répétées avec tant d'acharnement, qu'elles paroissent plutôt dictées par un esprit de parti, que par un pur civisme ; au reste c'est à la Convention à prononcer sur les pièces probantes qui lui seront présentées par leurs dénonciateurs.

En attendant, nous devons certifier, que tous les écrits publics imprimés par nos frères, que toutes les lettres particulières que nous soumettons aux comités, s'accordent pour rendre justice aux commissaires, sur-tout au citoyen Sonthonax qu'ils regardent comme leur père et le sauveur de la colonie. Nous présentons ici différens extraits de ces lettres et mémoires ; ils serviront encore à faire connoître l'état de la colonie.

EXTRAIT DES LETTRES.

N°. I.

Cap , 8 février 1790 (1).

« Vous avez vu par ma dernière lettre , en date du 9 décembre , que j'étois ici membre de la commission , intermédiaire. C'est à mon grand regret , je vous l'avoue , que je me vois forcé de rester dans une ville qui a bien de la peine à se soumettre à la loi du 4 avril. A l'arrivée des commissaires , la commune du Cap leur dénonça 150 personnes environ , comme des aristocrates et auteurs des maux qui déchirent la colonie ; ils ont été embarqués. On s'attendoit à la paix , et on étoit loin d'imaginer que les ennemis de la République sont ceux qui se sont couverts du voile du pa-

____

(1) Les originaux de toutes les lettres citées ici , et les mémoires sont déposés au comité de marine.

triotisme, et qui dans la journée du 2 décembre avoient ourdi cette trame infernale.

« Je vous ai dejà dit avec quelle audace et quelle fureur on a osé faire feu sur le délégué de la République française ; ce seroit ici le lieu de faire l'éloge du commissaire Sonthonax, resté seul dans la partie du Nord ; je me borne à dire, que c'est le sauveur de la Colonie. Trois jours après cette journée, on a embarqué les principaux factieux, ce qui paroissoit avoir mis le calme dans la ville ; il étoit réservé à sa justice de purger la Colonie des principaux chefs de cette faction, Léopardine, d'autant plus dangereuse que ses membres se disent patriotes pour mieux nous plonger le poignard dans le sein ; je crois que je ne resterai pas long-tems ici, c'est un abominable endroit, ils ne veulent pas se soumettre à la loi, les bruits de guerre les satisfait ; avec l'esprit d'indépendance, ils croient y toucher, *mais il faut qu'ils fassent périr auparavant tous les citoyens de couleur, ils sont bien constans dans leurs projets ;* maintenant que nous avons aidé à faire rentrer les nègres dans leur devoir, ils cherchent à les mettre contre nous, et tâchent de nous faire détruire par ces malheureux. Si la Convention veut conserver les Colonies, elle

elle doit conserver Sonthonax et Polverel, et approuver ce qu'ils feront (1).

I I.

« Après avoir usé de tons les moyens possibles pour ramener des citoyens long-tems égarés par leurs infractious aux loix nationales , le commissaire civil Sonthonax s'est vu forcé de sévir contre ces hommes coupables , et de les soumettre au jugement de la république ».

« Déjà nous ressentons les heureux effets de leur éloignement ; pour la première fois , nous envisageons un terme à nos maux » (1).

I I I.

16 Mars 1793.

« Nous ne sommes pas encore tranquiles, la perfidie et l'égoïsme des colons blancs sont inimaginables ; ce ne sera que , par la grande dépuration qui en sera faite, qu'on parviendra

(1) Lettre de François Raimond , mon frère.

(2) Lettre de Boisrond , membre de la commission intermédiaire et homme de couleur.

D

à calmer le pays ; il faut nécessairement qu'on embarque les agitateurs et les factieux et qu'ils aillent ailleurs prêcher le dogme de l'indépendance (1).

I V.

17 Mars 1793.

« Les hommes acharnés contre la loi du 4 avril, connus sous le nom de Léopardins et Blanchelandistes, sont tous ensemble de vrais aristocrates. Les premiers, avec un front d'airain, semblent s'appuyer de la loi, pour en extraire ce qui leur convient : les autres ne respirent que l'ancien régime , leur projet est toujours le même, de faire égorger, s'il est possible, par les négres , tous les citoyens de couleur, plutôt que de se soumettre à la loi du 4 avril ».

« Le commissaire Sonthonax se propose de forcer le Port-au-Prince, d'obéir à la loi, et à mettre un frein à ses actes d'indépendance ».

« Notre correspondance avec le commissaire Polverel, actuellement aux Cayes, est détournée par ceux qui ont intérêt aux désor-

_____
(1) Idem de même.

dres, ce qui fait qu'il nous condamne souvent sans nous entendre ; on lui a fait blâmer notre arrêté du 7 novembre, portant l'impôt d'un quart du revenu, comme un attentat au pouvoir législatif, Sonthonax en a jugé autrement. *La métropole doit approuver une mesure qui nous met à même de subvenir aux dépenses immenses qu'exigent les circonstances* ».

« Dans la partie du Sud, les clubs composés d'aristocrates, d'indépendans Blanchelandistes, s'avisent de contrequarrer les opérations du commissaire Polverel, et de s'opposer à la disposition des troupes qui lui sont confiées par la nation, de manière que ses meilleures intentions sont réduites ou traversées. Les ennemis de la France s'en applaudissent.

« Les paroisses de Jérémie, des Cayomittes ont pris un arrêté léopardin : tous les citoyens de couleur y sont vexés et même chassés ; ceux-ci se sont réunis en armes pour réclamer leurs droits, les blancs, la municipalité ont pris un arrêté fulminant contre eux ; *ils ont armé 4000 nègres, avec lesquels on les a dispersés et poursuivis, on a mis leurs têtes à prix en promettant 330 liv., et la liberté à*

*tout esclave qui apporteroit la tête d'un mu⁺
lâtre* (1). »

« Par le compte que la municipalité a rendu
à la commission , elle veut faire croire qu'une
partie des citoyens de couleur, s'est insurgée
contre la loi du 4 avril , et que les hommes
de couleur se sont joints aux blancs pour combattre les autres ».

« Je suis fondé à vous assurer du contraire
par les lettres particulières que je reçois, s'il
est vrai qu'il y ait des mulâtres qui aient donné
leur signatures , il faut croire qu'ils y ont été
forcés le pistolet sur la gorge ».

« J'oublie de vous dire que la belle plaine
du Cul-de-Sacq , a été aussi en insurrection,
et en cendres, par l'effet de la réunion des
Borel , des Coustard et Jumecourt. Ces deux
derniers et six autres sont arrêtés ». (1)

V.

Cap , 26 février 1793.

« Le commissaire Sonthonax doit partir
pour aller nettoyer le Port-au-Prince , ou,

____

(1) Lettre de Boisroud , membre de la commission intermédiaire et homme de couleur.

(1) Idem de même.

pour mieux dire, (le Port-au-Crime) des factieux qui l'infestent en s'opposant au rétablissement du bon ordre ; *il doit ensuite revenir ici avec des mulâtres pour la garnison du Cap, contre les entreprises de guerre.*

« François (1) a obtenu un congé du commissaire civil pour aller à vos affaires ; une fois à bord, il doit donner la ville au diable, la ville et tout ce qu'elle contient ; en effet, cette ville loge bien des ennemis de la tranquillité publique, qui ont besoin du désordre, comme de leur ressource pour vivre ».

« Les préparations des agitateurs ici sont telles, que beaucoup d'individus sont persuadés, que nous ne serons pas huit jours après le départ du citoyen Sonthonax, dans la tranquillité ; mais ce brave commissaire, à qui tout bon citoyen est tenu de rendre justice, prend les mesures nécessaires pour la ramener par tout ».

« Je me réfère à toutes les précédentes, à tout leur contenu et pièces jointes que je vous confirme » (2)

(1) Raimond.
(2) Lettre de Boisrond.

V I.

Cap, le 18 février 1793.

« Depuis l'arrivée des commissaires civils, nous respirons les douceurs des prémices de la liberté ; *il n'est pas de détours que nos ennemis n'emploient pour éluder la loi du 4 avril, pas de manœuvres qu'ils n'emploient pour rendre vaines toutes les dispositions nationales ;* si le commissaire Sonthonax s'attachait trop à l'esprit de la loi, les citoyens régénérés seroient bientôt anéantis. Les aristocrates et les léopardins réunis dans les clubs, ne parlent absolument que des droits du peuple. *Rien de plus constitutionnel que leurs écrits ; rien de plus criminel que leurs intentions. Il faut être sur les lieux, pour juger des choses* ».

« Aujourd'hui, les aristocrates et les léopardins ne cherchent qu'à éluder la loi, et, peut-être en ce moment, à se donner aux Anglois ou aux Espagnols, dont nous attendons la déclaration de guerre.

« *Soyez persuadé qu'il n'y a point de citoyen régénéré, qui ne soit entièrement attaché au gouvernement que la Convention nationale*

a adopté ; il falloit toute la sagesse du ci-
toyen Sonthonax, pour faire exécuter la loi
du 4 avril, ou les mulâtres sont en minorité».

V I I.

Cap, 7 Février 1793.

« Depuis que les trois agitateurs ont été envoyés en France, le Cap jouit d'une tranquillité désirée depuis long-tems ».

« La partie de l'Ouest est livrée aux agitateurs, dont le commissaire Polverel n'a pas
voulu purger la colonie ».

« A cette nouvelle, nos Léopardins ont le-
vé le front, trois Léopardins de notre commission ont refusé leur signature aux adresses
que nous avons envoyées à la convention et
aux départemens, dans lesquelles nous votons
des remercimens au commissaire Sonthonax
pour les mesures vigoureuses qu'il a prises pour
purger le Cap des agitateurs et des Léopardins
qui en fomentoient la ruine ».

« L'évènement prouvera, que le commissaire Polverel, n'a pas mis toute l'énergie
nécessaire pour le retour de l'ordre, tout
est perdu, si l'on s'obstine à suivre l'esprit de la loi : sous le masque du patriotisme,

on a établi des clubs, non moins incendiaires, qu'aristocratiques ; ils sont parvenus à tromper quelquefois la religion du commissaire Polverel ».

« *Les blancs ne veulent point envoyer des députés à la Convention Nationale, ils craignent, disent-ils, pour la liberté générale et ils craindroient par leur présence d'y donner leur assentiment* ».

« *En récompense, ils s'accommoderoient très-fort d'une assemblée coloniale qui put contrebalancer les pouvoirs des délégués de la nation et déclarer au besoin l'indépendance de la colonie* ».

« Ne croyez pas que la présence des citoyens de couleur peut rompre cette mesure, la masse de ces hommes est trop peu éclairée, pour lutter dans une assemblée contre les blancs ».

« *La réunion de tous les partis est gravée dans nos cœurs, il n'y a que la résistance de nos ennemis à la loi qui entretient la méfiance* ».

« *Nous sommes ici dans de si grandes inquiétudes que si, par malheur, l'archevêque*

____

(1) Lisez la lettre de Rochambeau, insérée dans mes réflexions et lettre imprimée.

Thibaut, Dangi et Rabottau, revenoient au pays, il seroit infailliblement mis en cendres (1).

VIII.

Cap 8 janvier.

« Jamais la France ne pouvoit mieux faire qu'en nous envoyant le citoyen Sonthonax : *les ennemis de la France se tournent en tous sens pour se faire nommer aux places. Le conseil de la commune et notamment les officiers municipaux, sont tous des léopardins et des ennemis déclarés de la loi du 4 avril. Un homme de couleur seul y a été admis, cette agrégation aristocratique ne reçoit jamais qu'avec mépris et ne fait jamais bon droit aux plaintes portées par nos frères, on ne s'y occupe que des moyens d'éluder la loi* ».

« *Ils ont l'esprit de corrompre les soldats, sauf les dragons d'Orléans. Du 2 au 6 de ce mois, on a fait une tentative pour embarquer Sonthonax et tous ceux qui veulent*

______

(1) Je prie le lecteur de vouloir réfléchir sur les craintes qu'on témoigne par cette lettre, et les derniers événemens du Cap.

la loi du 4 avril. On a eu la fureur de tirer sur le délégué de la Nation. *Le régiment du Cap a refusé le serment, Sonthonax sera le sauveur de la colonie.* La municipalité veut délibérer sur l'embarquement des mauvais sujets, vous voyez bien qu'elle ne veut que le désordre ».

« Malgré l'embarquement des agitateurs, nous sommes encore loin de jouir de la tranquillité ».

9 janvier.

« Notre sauveur Sonthonax, vient de faire arrêter les quatre plus dangereux agitateurs ; *l'archevêque Thibaut, dont les écrits ne tendent à rien moins, qu'à la subversion de l'ordre et au mépris des autorités constituées, dans toute la force du terme* ».

« Nous attendons avec impatience l'approbation de la Convention Nationale pour la conduite ferme, vigoureuse et vraiment patriotique du commissaire Sonthonax ».

RESUMÉ.

Il résulte des faits qui viennent d'être présentés dans ce mémoire et dans les pièces qui y sont annexées, que, des trois partis qui s'étoient formés dans la colonie de Saint-Domingue, parmi la population blanche, le parti des contre-révolutionnaires est presque annéanti ; que celui des indépendans s'est considérablement accru, par les moyens que nous avons indiqués ; que ce parti, pour mieux cacher ses intentions, a pris le masque du patriotisme le plus prononcé ; que ce même parti vient encore de se grossir du petit reste des contre-révolutionnaires, qui, comme les indépendans ont pris le masque du patriotisme ; que ces deux partis réunis font les plus grands efforts, pour faire perdre à la France les colonies, soit en entretenant le désordre, les révoltes d'esclaves et les dévastations qui en sont les suites, afin de dégouter la métropole de ses colonies et les lui faire abandonner, soit enfin en les livrant aux puissances ennemies.

Quant au parti des véritables patriotes, celui qui veut sincérement l'obéissance aux loix, le rétablissement de l'ordre et de la paix et conserver la colonie à la France, ce parti là, dis-je, est égaré par les indépendans, qui sèment sans cesse parmi eux les soupçons et les méfiances contre les hommes de couleur, afin d'éloigner entre eux, une réunion sincère, seule capable de renverser leurs projets.

Il faut encore observer, qu'il est très-difficile à Saint-Domingue de distinguer ce parti d'avec les indépendans, d'après les soins que ces derniers se donnent pour paroître agir et penser comme les premiers.

Voilà ce qui concerne les blancs.

Quant aux citoyens de couleur, tous leurs intérêts les plus chers sont, dans le maintien de la constitution et dans la conservation des colonies à la nation qui les a régénérés, car sans cela, ils ne pourront que retomber dans l'état d'avilissement ou ils étoient tenus ; et s'ils ont pu être égarés un moment par les contre-révolutionnaires, ce n'étoit assurément pas pour se prêter à la contre-révolution, mais parce que ceux-ci se montroient à eux, comme voulant obéir aux loix nationales et comme leur demandant main forte pour les faire exécuter. L'erreur des citoyens de couleur sur le compte de ces hommes n'a pas été de longue durée, car elle ne s'est prolongée, que jusqu'au moment où ils ont pu recevoir de leurs frères qui étoient à Paris les éclaircissemens nécessaires sur les projets cachés de ceux qui vouloient paroître leurs meilleurs amis (1).

Les hommes de couleur, sans cesse trompés sur les sentimens de patriotisme qu'ont affiché les différens partis, et sans cesse leurs victimes, ont du nécessairement devenir méfians de confians qu'ils étoient, on peut être assuré qu'ils reprendront leur confiance naturelle, quand ils seront bien convaincus de la jouissance de leurs droits, que quelques intriguans perturbateurs paroissent encore vouloir leur disputer.

Les esclaves, mis en insurrection, comme nous l'avons dit d'abord, par les spéculations des différens partis, ont été beaucoup plus loin que ne l'avoient pensé ceux qui les ont mis en mouvement, et l'état d'insurrection ou ils sont, doit fixer l'attention des législateurs, car si l'on ne s'empresse d'y apporter les plus prompts remèdes, la colonie sera détruite par eux et par ceux qui les font agir.

(1) J'ai moi-même dénoncé, après la journée du 10 août, un de ces hommes, qui étoit ici et qui avoit pensé qu'il auroit pu m'égarer, comme il avoit fait de mes frères à Saint-Domingue ; et j'ai fait remettre sa correspondance criminelle à la mairie, par le commissaire de la section des Graviliers.

On sait aujourd'hui, que ces hommes, dont les lumières sont retardées par l'avilissement de leur état, ne se battent que pour le roi et pour les prêtres. On doit craindre, comme l'un de nous l'a dit (1), que les puissances et les émigrés, en se rendant dans la partie espagnole de l'isle, les fassent servir à leurs desseins, ou tout au moins, à en soutirer une grande partie, peut-être même la totalité, en leur promettant un meilleur sort, après leur avoir fait ravager et détruire de fond en comble toutes les propriétés françaises.

Tel est l'état de la colonie de Saint-Domingue, et les craintes que cet état de choses doit donner à la métropole.

Présentement, pour répondre à l'invitation des comités, nous allons leur présenter dans toute la sincérité de nos ames, et dans le calme des passions et avec l'abnégation de tout espèce de ressentiment, les moyens que nous croyons les plus propres pour ramener l'ordre et la paix dans la colonie, opérer une réunion sincère entre tous les citoyens, et pour con-

(1) Voyez les réflexions sur les véritables causes des troubles et des désastres de nos Colonies, et la lettre au citoyen D, par Raymond.

server les propriétés individuelles et nationales.

M O Y E N S.

. Les méfiances respectives qui règnent entre
les citoyens de couleur dans la colonie, étant
un obstacle au rétablissement de l'ordre en
favorisant les projets des ennemis de la nation, il est nécessaire de les faire cesser : pour
parvenir à ce but, il nous semble, que le meilleur moyen à employer, seroit celui que nous
allons proposer.

Tous les citoyens de la colonie se formeront
en compagnies soldées et non soldées pour
la défense intérieure des colonies ; préalablement à ces formations, il sera choisi parmi
les individus de chaque couleur, des citoyens
ayant des propriétés qui répondront respectivement des hommes de leur couleur qu'ils
feront entrer dans ces compagnies ; parmi
ces premiers citoyens choisis dans les trois
couleurs, il en sera pris un nombre, lesquels
seront envoyés en France pour servir d'otage
et qui répondront sur leur tête et sur leurs
propriétés des malheurs qui pourroient arriver, soit par la mésintelligence des individus
dont ils auront répondu, soit de leur inci-

visme. Il nous paroît, qu'une pareille mesure opéreroit le plus grand bien , parce que les ôtages devant répondre respectivement des individus qu'ils auroient fait entrer dans les compagnies , prendroient soin de n'y placer , que des hommes dont ils seroient assurés.

2°. La responsabilité des ôtages, détruirait toute espèce de défiance entre les individus des différentes couleur qui seroient connus ; les compagnies qui ne seroient pas soldées, seroient composées de propriétaires , et elles seroient requises toutes les fois que quelques rixes ou troubles s'élèveroient dans la colonie. Les officiers de ces compagnies seroient nommés par elle même ; l'état-major, de ces compagnies avec un pareil nombre de bons officiers et soldats, formeroient un conseil, pour juger sur le fait des troubles.

Quant aux compagnies soldées , elles seroient également composées des individus des trois couleurs ; ces compagnies, nommeroient leurs officiers jusqu'au grade de capitaine ; les autres grades et tout l'état-major seront pris en France parmi les officiers des gardes nationaux qui auront le mieux mérité et donné les plus grandes preuves de civisme.

L'état-major et tous les officiers de ce corps

corps formeroient un conseil pour juger les différends de leurs corps ; et tous les individus dont la déportation deviendra nécessaire à la tranquillité publique seront jugés par ce conseil.

Nous avons fait envisager le mal que pourroient faire les ennemis de l'état et les émigrés avec les esclaves révoltés ; il nous semble que pour déjouer tous ces projets, il suffiroit d'améliorer le sort des esclaves et leur fournir les moyens d'arriver à une liberté acquise ; leur accorder préalablement une amnistie générale au nom de la Nation et de la colonie ; quand ils seroient assurés de leur grace et d'un sort meilleur que celui dont ils ont joui jusqu'à ce moment, ils ne se laisseroient plus égarer par les promesses vagues que pourroient leur faire les ennemis de l'état (1).

La Convention proposeroit le mode d'amélioration qui seroit discuté, approuvé par l'assemblée coloniale, et la loi achevée sur cet objet seroit proclamée, au nom de la nation et de la colonie.

L'assemblée coloniale formée, elle enver-

(1) Voyez les réflexions de Raimond sur les véritables causes des troubles et des désastres de nos Colonies, avec le projet de proclamation qui les suit.

roit en France , 12 de ses membres propriétaires , outre les députés à l'assemblée nationale ; ces individus seroient des ôtages en cas que l'assemblée coloniale voulût rompre les liens qui unissent la colonie à la France.

Comme il seroit injuste envers les hommes de couleur de rappeller le commissaire Sonthonax qu'ils regardent comme leur père et le sauveur des colonies ; que d'un autre côté , les colons paroissent demander son rappel , pour concilier tout ; la Convention nommera et prendra dans son sein deux commissaires , qui joints aux trois qui y sont déja , feront exécuter les décrets de la Convention.

Nous n'avons présenté les moyens que nous proposons , qu'en masse ; si d'après leur apperçu , les comités les croyent de quelque poids , nous leur donnerons tous les développemens dont ils sont susceptibles dans différens points.

A PARIS , de l'Imprimerie du Cercle Social , rue du Théâtre-François , N°. 4.

9 782014 430967